Impressum
Verlag: BABADADA GmbH, Nedderfeld 112 , 22529 Hamburg
Geschäftsführer / Verlagsleitung: Harald Hof
Druck: Books on Demand GmbH, In de Tarpen 42, 22848 Norderstedt

Imprint
Publisher: BABADADA GmbH, Nedderfeld 112 , 22529 Hamburg, Germany
Managing Director / Publishing direction: Harald Hof
Print: Books on Demand GmbH, In de Tarpen 42, 22848 Norderstedt

school

Schule

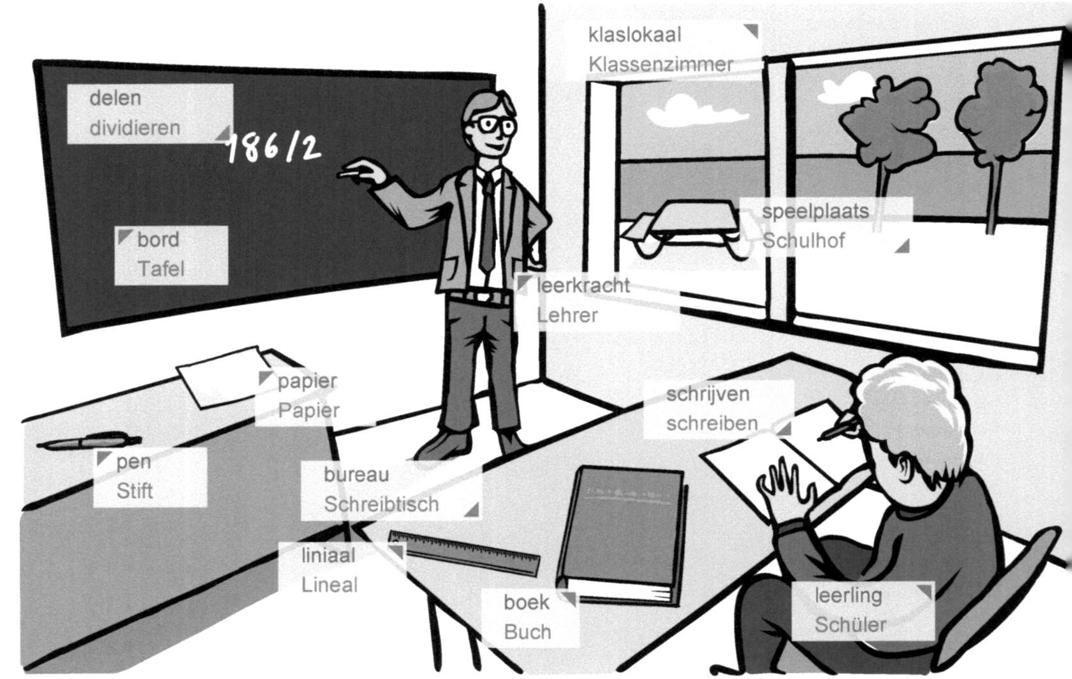

klaslokaal
Klassenzimmer
delen
dividieren
186/2
bord
Tafel
speelplaats
Schulhof
leerkracht
Lehrer
papier
Papier
schrijven
schreiben
pen
Stift
bureau
Schreibtisch
liniaal
Lineal
boek
Buch
leerling
Schüler

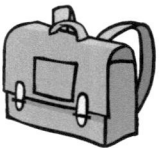

schooltas

Schultasche

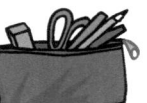

pennenzak

Federmappe

potlood

Bleistift

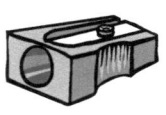

puntenslijper

Bleistiftspitzer

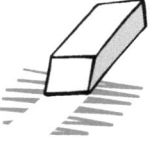

gom

Radierer

tekenblok

Zeichenblock

tekening

Zeichnung

verfborstel

Pinsel

verfdoos

Malkasten

schaar

Schere

lijm

Klebstoff

werkboek

Übungsheft

huiswerk

Hausübung

nummer

Zahl

optellen

addieren

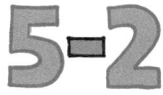

aftrekken

subtrahieren

vermenigvuldigen

multiplizieren

rekenen

rechnen

letter

Buchstabe

alfabet

Alphabet

woord

Wort

tekst

Text

Lezen

lesen

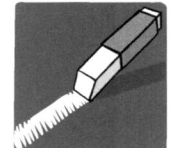

krijt

Kreide

les

Unterrichtsstunde

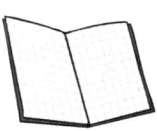

klassenboek

Klassenbuch

examen

Prüfung

certificaat

Zeugnis

schooluniform

Schuluniform

onderwijs

Ausbildung

encyclopedie

Lexikon

universiteit

Universität

microscoop

Mikroskop

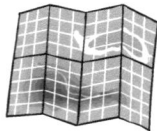

kaart

Karte

papiermand

Papierkorb

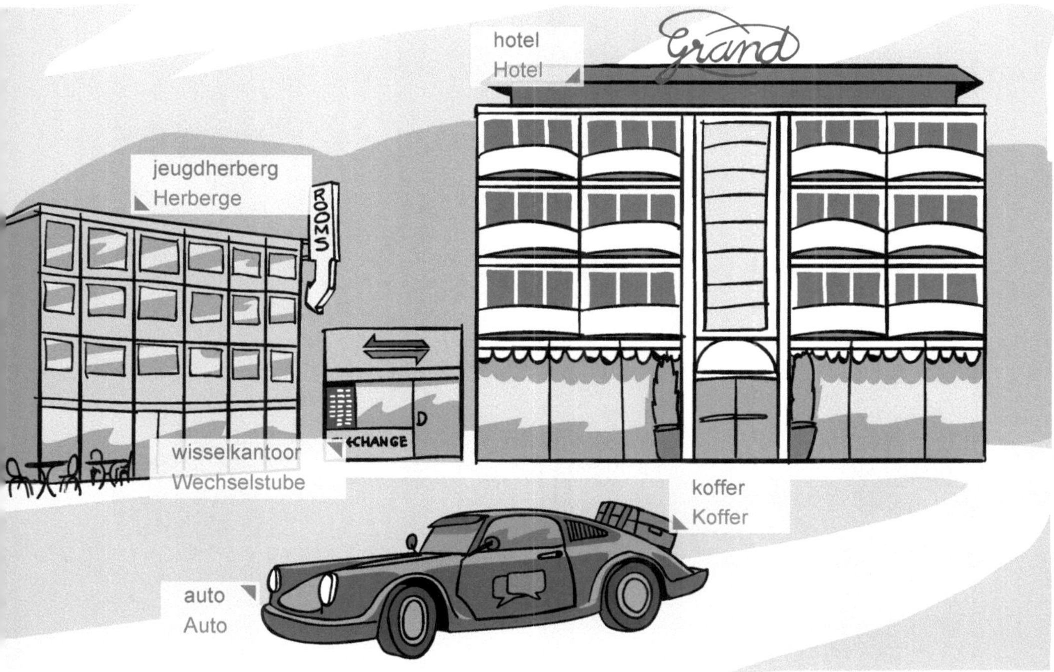

hotel
Hotel
Grand
jeugdherberg
Herberge
ROOMS
wisselkantoor
Wechselstube
EXCHANGE
koffer
Koffer
auto
Auto

Taal
Sprache

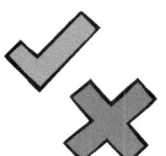

ja / nee
ja / nein

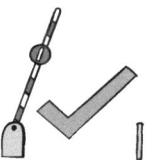

oké
Okay

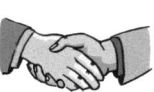

hallo
Hallo

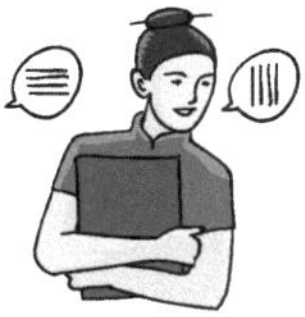

vertaler
Dolmetscherin

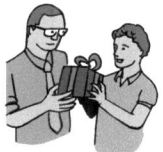

bedankt
Danke

Hoeveel kost …?

Wie viel kostet …?

Ik begrijp het niet

Ich verstehe nicht.

probleem

Problem

Goedenavond!

Guten Abend!

Goedemorgen!

Guten Morgen!

Goedenavond!

Gute Nacht!

Tot ziens

Auf Wiederschaun!

richting

Richtung

bagage

Gepäck

zak

Tasche

rugzak

Rucksack

gast

Gast

kamer

Zimmer

slaapzak

Schlafsack

tent

Zelt

toeristeninformatie

Touristeninformation

strand

Strand

kredietkaart

Kreditkarte

ontbijt

Frühstück

lunch

Mittagessen

avondeten

Abendessen

ticket

Fahrkarte

lift

Lift

postzegel

Briefmarke

grens

Grenze

douane

Zoll

ambassade

Botschaft

visum

Visum

paspoort

Pass

transport
Transport

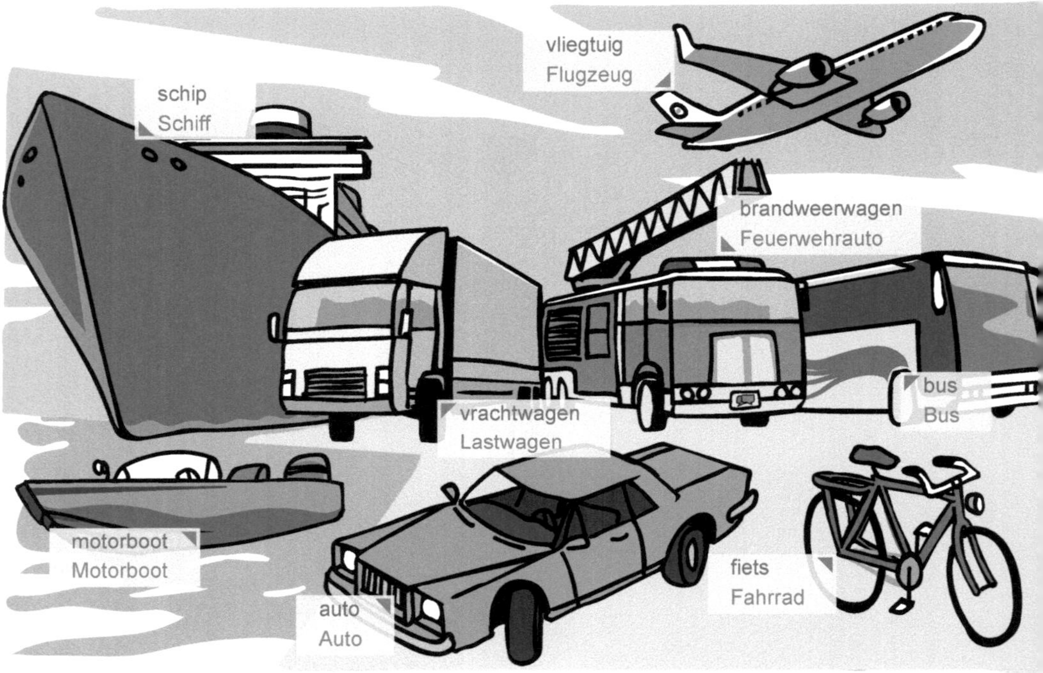

vliegtuig
Flugzeug
schip
Schiff
brandweerwagen
Feuerwehrauto
bus
Bus
vrachtwagen
Lastwagen
motorboot
Motorboot
fiets
Fahrrad
auto
Auto

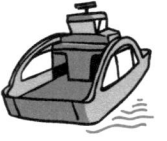

veerboot
Fähre

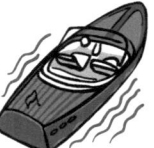

boot
Boot

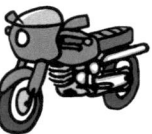

motor
Motorrad

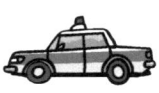

politiewagen
Polizeiauto

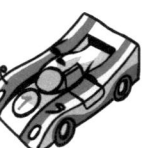

racewagen
Rennauto

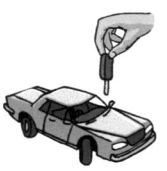

huurauto
Mietwagen

carpoolen

Carsharing

sleepwagen

Abschleppwagen

vuilniswagen

Müllwagen

motor

Motor

benzine

Kraftstoff

benzinestation

Tankstelle

verkeersbord

Verkehrsschild

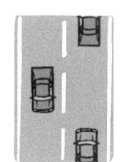

verkeer

Verkehr

file

Stau

parkeerplaats

Parkplatz

station

Bahnhof

sporen

Schienen

trein

Zug

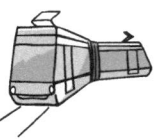

tram

Straßenbahn

wagon

Wagon

helikopter

Hubschrauber

luchthaven

Flughafen

toren

Tower

passagier

Passagier

container

Container

karton

Karton

kar

Rollwagen

mand

Korb

opstijgen / landen

starten / landen

stad

Stadt

dorp

Dorf

stadscentrum

Stadtzentrum

huis

Haus

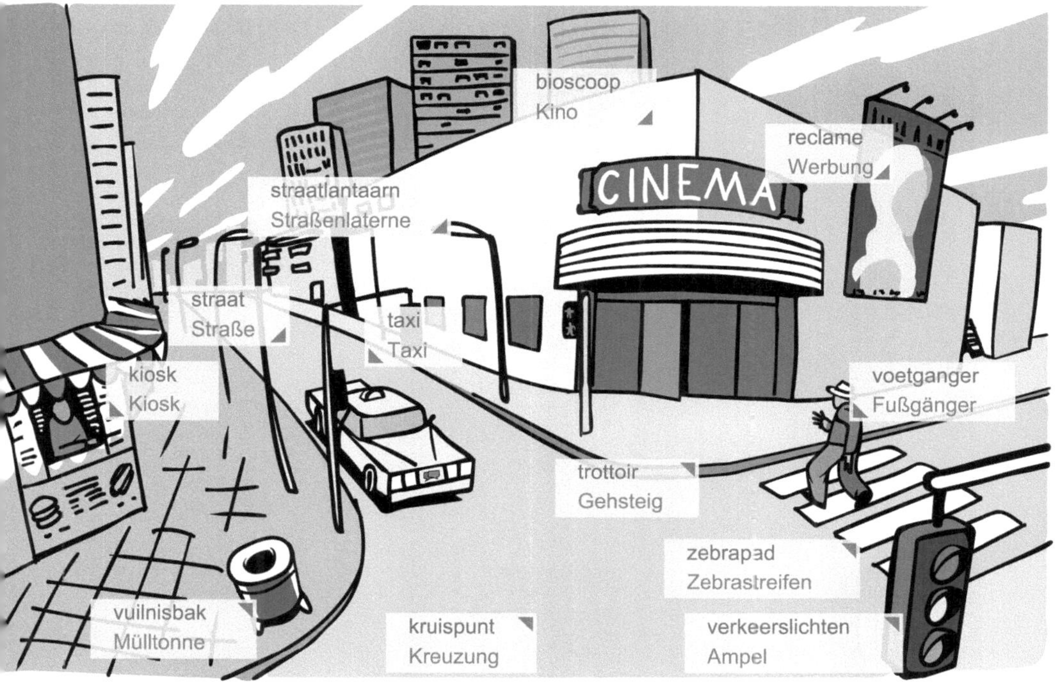

bioscoop
Kino

reclame
Werbung

straatlantaarn
Straßenlaterne

CINEMA

straat
Straße

taxi
Taxi

voetganger
Fußgänger

kiosk
Kiosk

trottoir
Gehsteig

vuilnisbak
Mülltonne

kruispunt
Kreuzung

zebrapad
Zebrastreifen

verkeerslichten
Ampel

hut

Hütte

woning

Wohnung

station

Bahnhof

stadshuis

Rathaus

museum

Museum

school

Schule

universiteit

Universität

bank

Bank

ziekenhuis

Spital

hotel

Hotel

apotheek

Apotheke

kantoor

Büro

boekwinkel

Buchhandlung

winkel

Geschäft

bloemenwinkel

Blumenladen

supermarkt

Supermarkt

markt

Markt

warenhuis

Kaufhaus

vishandelaar

Fischhändler

winkelcentrum

Einkaufszentrum

haven

Hafen

park

Park

bank

Bank

brug

Brücke

trap

Stiege

metro

U-Bahn

tunnel

Tunnel

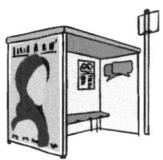

bushalte

Bushaltestelle

bar

Bar

restaurant

Restaurant

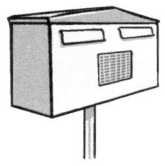

brievenbus

Briefkasten

straatnaambord

Straßenschild

parkeermeter

Parkuhr

zoo

Zoo

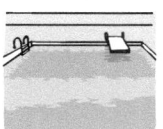

zwembad

Badeanstalt

moskee

Moschee

boerderij
Bauernhof

milieuverontreiniging
Umweltverschmutzung

kerkhof
Friedhof

kerk
Kirche

speelplaats
Spielplatz

tempel
Tempel

landschap
Landschaft

blad
Blatt

wegwijzer
Wegweiser

weg
Weg

weide
Wiese

steen
Stein

boom
Baum

wandelaar
Wanderer

rivier
Fluss

gras
Gras

bloem
Blume

vallei

Tal

heuvel

Hügel

meer

See

bos

Wald

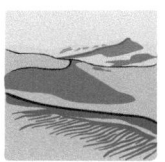

woestijn

Wüste

vulkaan

Vulkan

kasteel

Schloss

regenboog

Regenbogen

paddenstoel

Pilz

palmboom

Palme

mug

Moskito

vlieg

Fliege

mier

Ameise

bijl

Biene

spin

Spinne

kever

Käfer

kikker

Frosch

eekhoorn

Eichhörnchen

egel

Igel

haas

Hase

uil

Eule

vogel

Vogel

zwaan

Schwan

wild zwijn

Wildschwein

hert

Hirsch

eland

Elch

dam

Staudamm

windturbine

Windrad

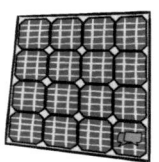

zonnepaneel

Solarmodul

klimaat

Klima

ober
Kellner

menu
Speisekarte

stoel
Sessel

soep
Suppe

pizza
Pizza

bestek
Besteck

tafelkleed
Tischdecke

voorgerecht

Vorspeise

hoofdgerecht

Hauptgericht

nagerecht

Nachspeise

drankjes

Getränke

eten

Essen

fles

Flasche

fastfood

Fastfood

street food

Streetfood

theepot

Teekanne

suikerpot

Zuckerdose

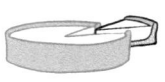

portie

Portion

espressomachine

Espressomaschine

kinderstoel

Kinderstuhl

rekening

Rechnung

dienblad

Tablett

mes

Messer

vork

Gabel

lepel

Löffel

theelepel

Teelöffel

serviette

Serviette

glas

Glas

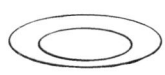

bord

Teller

soepbord

Suppenteller

schoteltje

Untertasse

saus

Sauce

zoutvatje

Salzstreuer

pepermolen

Pfeffermühle

azijn

Essig

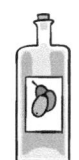

olie

Öl

kruiden

Gewürze

ketchup

Ketchup

mosterd

Senf

mayonaise

Mayonnaise

supermarkt

Supermarkt

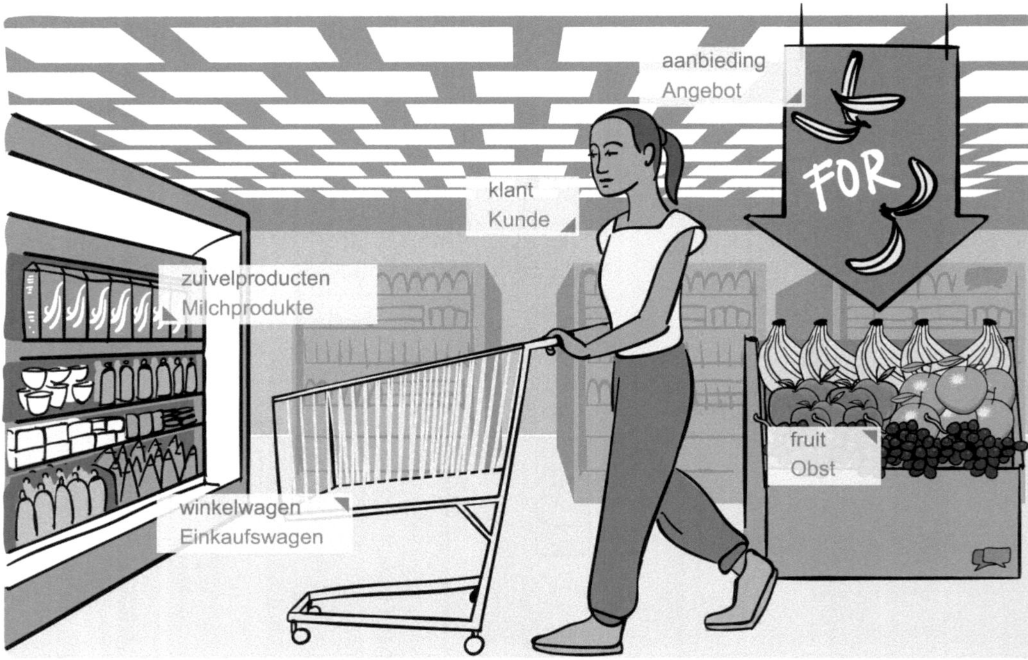
aanbieding
Angebot
FOR
klant
Kunde
zuivelproducten
Milchprodukte
fruit
Obst
winkelwagen
Einkaufswagen

BUTCHERS

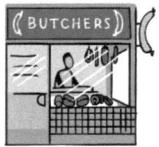

slagerij

Schlachterei

BAKERY

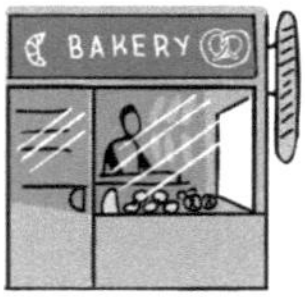

bakkerij

Bäckerei

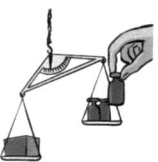

wegen

wiegen

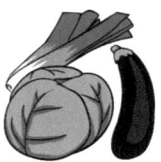

groenten

Gemüse

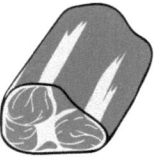

vlees

Fleisch

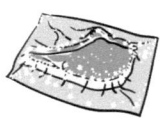

diepvriesvoedsel

Tiefkühlkost

charcuterie

Aufschnitt

conserven

Konserven

waspoeder

Waschmittel

snoep

Süßigkeiten

huishoudproducten

Haushaltsartikel

schoonmaakproducten

Reinigungsmittel

verkoopster

Verkäuferin

kassa

Kassa

kassier

Kassiererin

boodschappenlijstje

Einkaufsliste

openingstijden

Öffnungszeiten

portefeuille

Brieftasche

kredietkaart

Kreditkarte

tas

Tasche

plastieken zakje

Plastiktüte

water

Wasser

sap

Saft

melk

Milch

cola

Cola

wijn

Wein

bier

Bier

alcohol

Alkohol

cacao

Kakao

thee

Tee

koffie

Kaffee

espresso

Espresso

cappuccino

Cappuccino

banaan

Banane

appel

Apfel

sinaasappel

Orange

meloen

Melone

citroen

Zitrone

wortel

Karotte

knoflook

Knoblauch

bamboe

Bambus

ajuin

Zwiebel

champignon

Pilz

noten

Nüsse

noodles

Nudeln

spaghetti

Spaghetti

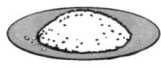

rijst

Reis

salade

Salat

frieten

Pommes frites

gebakken aardappelen

Bratkartoffeln

pizza

Pizza

hamburger

Hamburger

sandwich

Sandwich

kalfslapje

Schnitzel

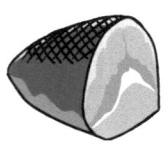

ham

Schinken

salami

Salami

worst

Wurst

kip

Huhn

braden

Braten

vis

Fisch

havervlokken

Haferflocken

muesli

Müsli

cornflakes

Cornflakes

bloem

Mehl

croissant

Croissant

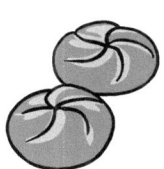

pistolet

Semmel

brood

Brot

toast

Toast

koekjes

Kekse

boter

Butter

kwark

Topfen

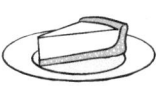

taart

Kuchen

ei

Ei

spiegelei

Spiegelei

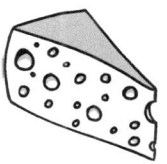

kaas

Käse

ijs

Eiscreme

suiker

Zucker

honing

Honig

confituur

Marmelade

choco

Schokoladenaufstrich

curry

Curry

boerderij
Bauernhof

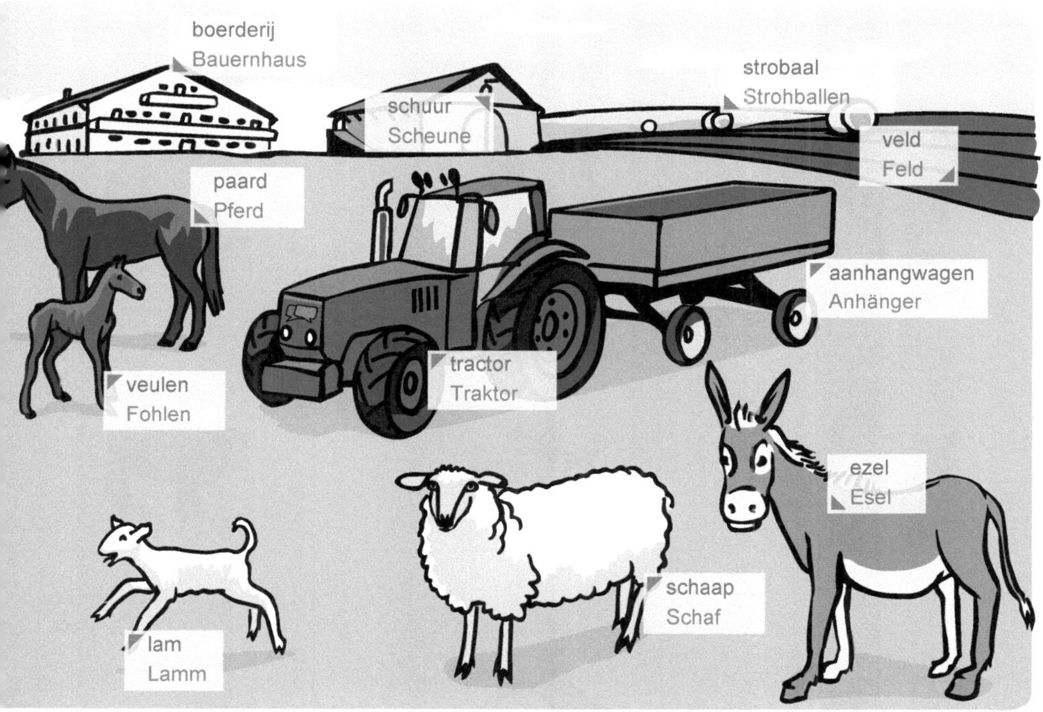
boerderij
Bauernhaus
schuur
Scheune
strobaal
Strohballen
veld
Feld
paard
Pferd
aanhangwagen
Anhänger
veulen
Fohlen
tractor
Traktor
ezel
Esel
schaap
Schaf
lam
Lamm

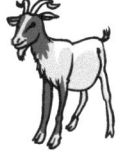

geit

Ziege

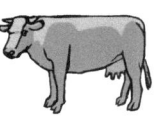

koe

Kuh

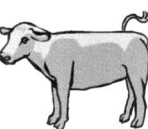

kalf

Kalb

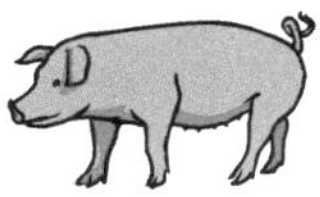

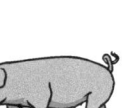

varken

Schwein

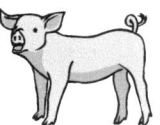

biggetje

Ferkel

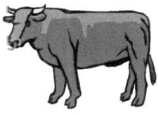

stier

Stier

gans
Gans

eend
Ente

kuiken
Küken

kip
Huhn

haan
Hahn

rat
Ratte

kat
Katze

muis
Maus

os
Ochse

hond
Hund

hondenhok
Hundehütte

tuinslang
Gartenschlauch

gieter
Gießkanne

zeis
Sense

ploeg
Pflug

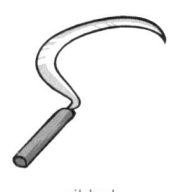

sikkel

Sichel

schoffel

Hacke

hooivork

Mistgabel

bijl

Axt

kruiwagen

Schubkarre

trog

Trog

melkkan

Milchkanne

zak

Sack

hek

Zaun

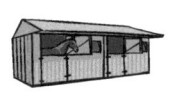

stal

Stall

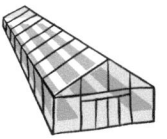

broeikas

Treibhaus

bodem

Boden

zaad

Saat

mest

Dünger

maaidorser

Mähdrescher

oogsten
ernten

oogst
Ernte

yam
Yamswurzel

tarwe
Weizen

soja
Soja

aardappel
Erdapfel

maïs
Mais

koolzaad
Raps

fruitboom
Obstbaum

maniok
Maniok

graan
Getreide

boerderij - Bauernhof

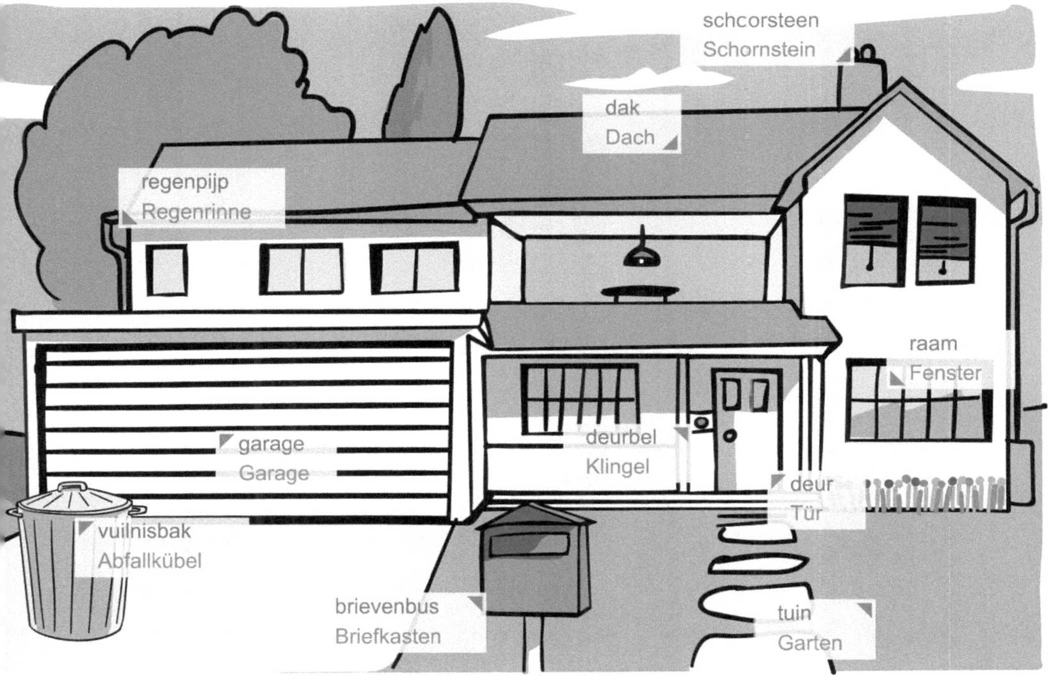

schcorsteen
Schornstein

dak
Dach

regenpijp
Regenrinne

raam
Fenster

garage
Garage

deurbel
Klingel

deur
Tür

vuilnisbak
Abfallkübel

brievenbus
Briefkasten

tuin
Garten

woonkamer

Wohnzimmer

badkamer

Badezimmer

keuken

Küche

slaapkamer

Schlafzimmer

kinderkamer

Kinderzimmer

eetkamer

Esszimmer

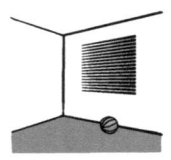

vloer

Boden

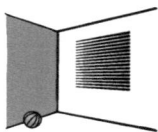

muur

Wand

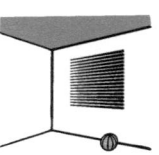

plafond

Decke

kelder

Keller

sauna

Sauna

balkon

Balkon

terras

Terrasse

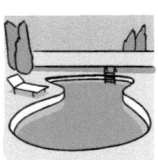

zwembad

Schwimmbad

grasmaaier

Rasenmäher

dekbedovertrek

Bettbezug

dekbed

Bettdecke

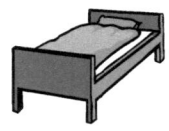

bed

Bett

bezem

Besen

emmer

Kübel

schakelaar

Schalter

woonkamer
Wohnzimmer

behangpapier
Tapete
foto
Bild
lamp
Lampe
schap
Regal
kast
Schrank
televisie
Fernseher
open haard
Kamin
bloem
Blume
kussen
Polster
sofa
Sofa
vaas
Vase
afstandsbediening
Fernbedienung

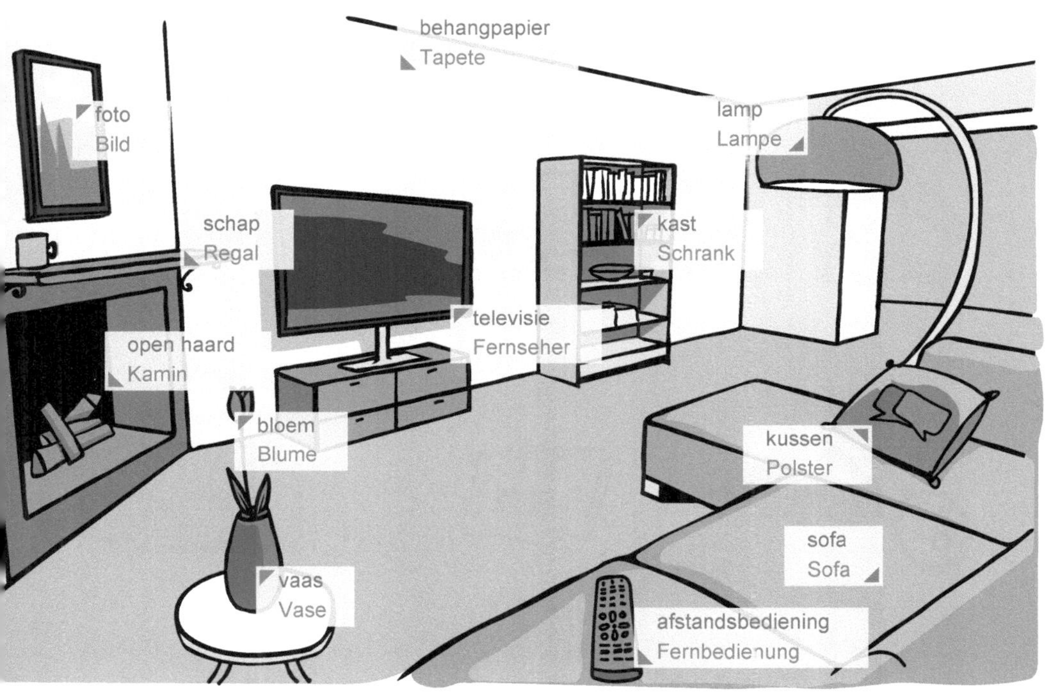

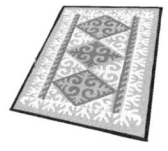

mat

Teppich

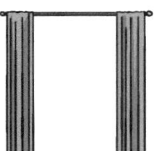

gordijn

Vorhang

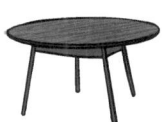

tafel

Tisch

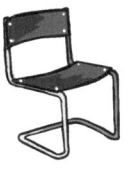

stoel

Sessel

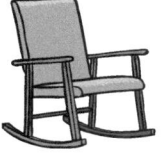

schommelstoel

Schaukelstuhl

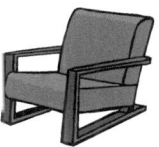

fauteuil

Sessel

boek
Buch

deken
Decke

decoratie
Dekoration

brandhout
Feuerholz

film
Film

stereo-installatie
Stereoanlage

sleutel
Schlüssel

krant
Zeitung

schilderij
Gemälde

poster
Poster

radio
Radio

notitieboekje
Notizblock

stofzuiger
Staubsauger

cactus
Kaktus

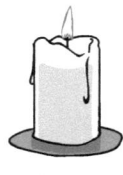

kaars
Kerze

keuken
Küche

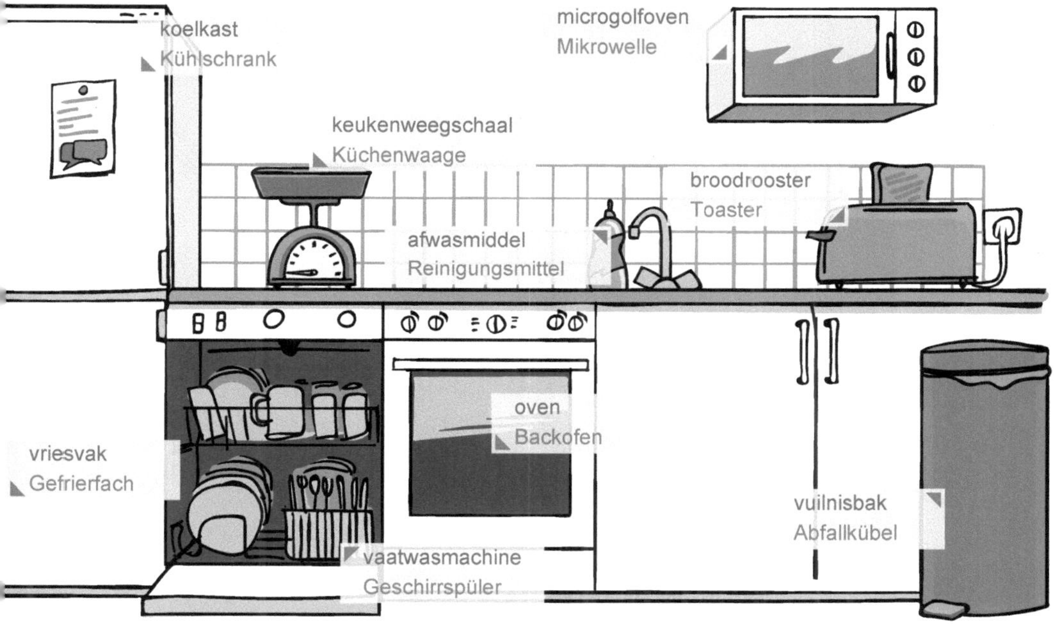
koelkast
Kühlschrank
microgolfoven
Mikrowelle
keukenweegschaal
Küchenwaage
broodrooster
Toaster
afwasmiddel
Reinigungsmittel
oven
Backofen
vriesvak
Gefrierfach
vuilnisbak
Abfallkübel
vaatwasmachine
Geschirrspüler

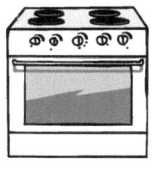

fornuis

Herd

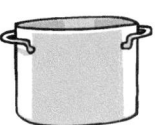

pot

Topf

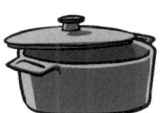

gietijzeren pot

Eisentopf

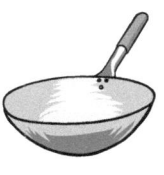

wok / kadai

Wok / Kadai

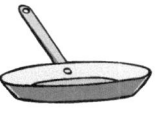

pan

Pfanne

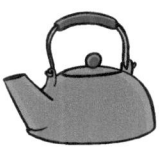

waterkoker

Wasserkocher

stoomkoker

Dampfgarer

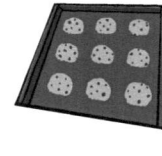

bakplaat

Backblech

servies

Geschirr

mok

Becher

kom

Schale

eetstokjes

Essstäbchen

pollepel

Schöpflöffel

spatel

Pfannenwender

garde

Schneebesen

vergiet

Kochsieb

zeef

Sieb

rasp

Reibe

mortier

Mörser

barbecue

Grill

haardvuur

Kaminfeuer

snijplank

Schneidebrett

deegrol

Nudelholz

kurkentrekker

Korkenzieher

blik

Dose

blikopener

Dosenöffner

pannenlap

Topflappen

gootsteen

Waschbecken

borstel

Bürste

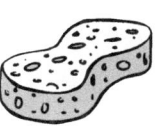

spons

Schwamm

blender

Mixer

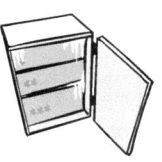

vriezer

Gefriertruhe

papfles

Babyflasche

kraan

Wasserhahn

badkamer

Badezimmer

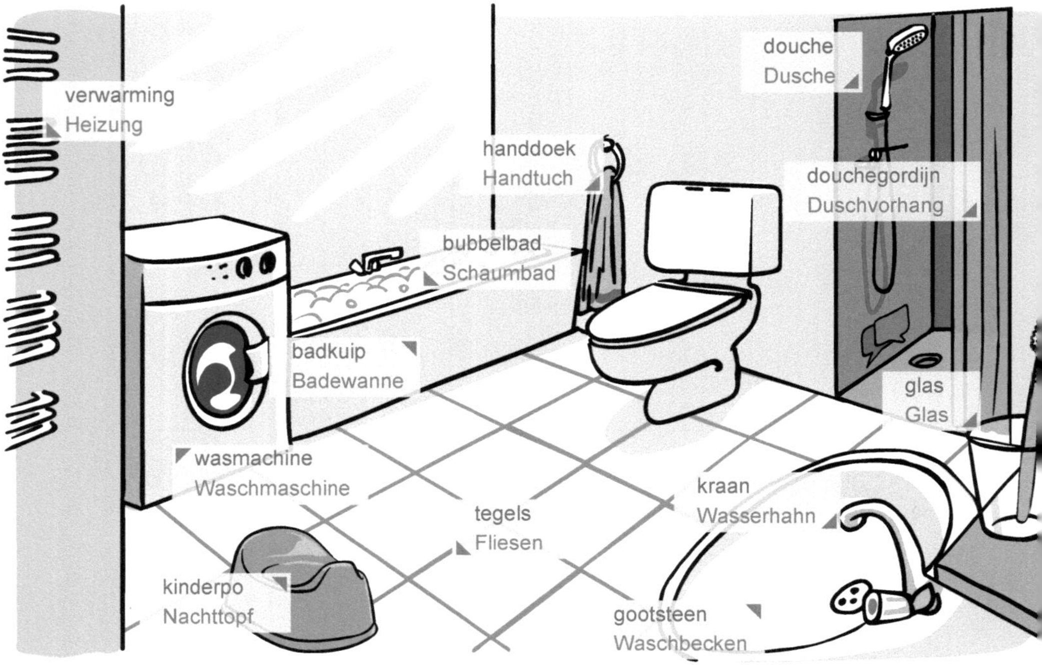
verwarming
Heizung
douche
Dusche
handdoek
Handtuch
douchegordijn
Duschvorhang
bubbelbad
Schaumbad
badkuip
Badewanne
glas
Glas
wasmachine
Waschmaschine
kraan
Wasserhahn
tegels
Fliesen
kinderpo
Nachttopf
gootsteen
Waschbecken

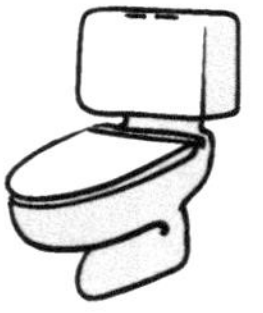

toilet

Klo

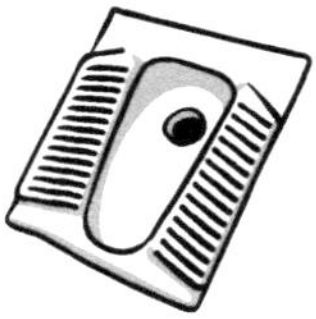

hurktoilet

Hocktoilette

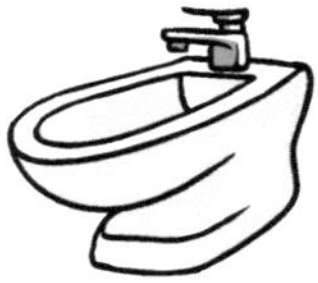

bidet

Bidet

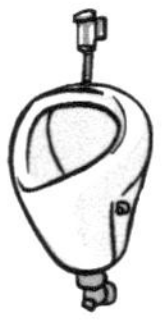

urinoir

Pissoir

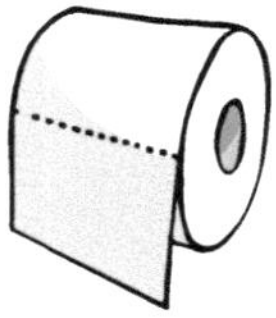

toiletpapier

Klopapier

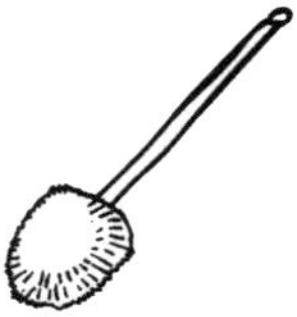

toiletborstel

Klobürste

tandenborstel

Zahnbürste

tandpasta

Zahnpasta

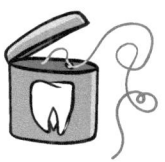

flosdraad

Zahnseide

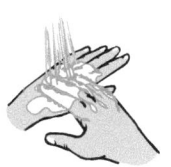

wassen

waschen

handdouche

Handbrause

bidethanddouche

Intimdusche

waskom

Waschschüssel

rugborstel

Rückenbürste

zeep

Seife

douchegel

Duschgel

shampoo

Shampoo

washandje

Waschlappen

afvoer

Abfluss

crème

Creme

deodorant

Deodorant

spiegel

Spiegel

handspiegel

Kosmetikspiegel

scheermes

Rasierer

scheerschuim

Rasierschaum

aftershave

Rasierwasser

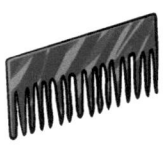

kam

Kamm

borstel

Bürste

haardroger

Föhn

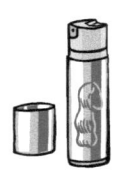

haarlak

Haarspray

make-up

Makeup

lippenstift

Lippenstift

nagellak

Nagellack

watten

Watte

nagelknipper

Nagelschere

parfum

Parfum

toilettas

Kulturbeutel

kruk

Hocker

weegschaal

Waage

badjas

Bademantel

latex handschoenen

Gummihandschuhe

tampon

Tampon

maandverband

Damenbinde

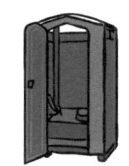

chemisch toilet

Chemietoilette

kinderkamer

Kinderzimmer

wekker
Wecker
knuffel
Kuscheltier
speelgoedauto
Spielzeugauto
rammelaar
Rassel
poppenhuis
Puppenhaus
geschenk
Geschenk

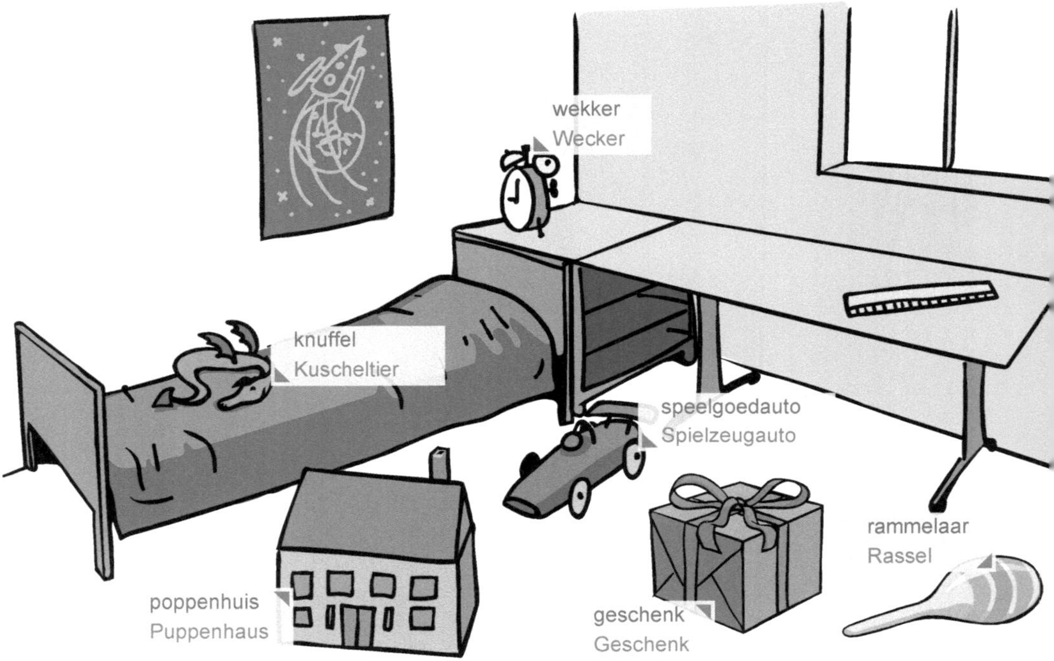

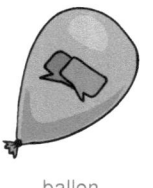

ballon

Ballon

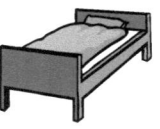

bed

Bett

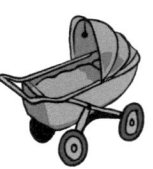

kinderwagen

Kinderwagen

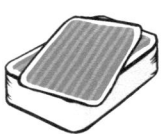

spel kaarten

Kartenspiel

puzzel

Puzzle

SUPER MEGA

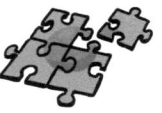

stripboek

Comic

legoblokjes

Legosteine

blokken

Bausteine

actiefiguur

Actionfigur

kruippakje

Strampelanzug

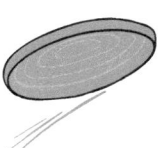

frisbee

Frisbee

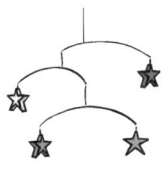

mobiel

Mobile

bordspel

Brettspiel

dobbelsteen

Würfel

modelspoorweg

Modelleisenbahn

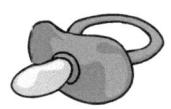

fopspeen

Schnuller

feest

Party

prentenboek

Bilderbuch

bal

Ball

pop

Puppe

spelen

spielen

zandbak

Sandkasten

schommel

Schaukel

speelgoed

Spielzeug

spelconsole

Spielkonsole

driewieler

Dreirad

knuffelbeer

Teddy

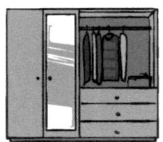

kleerkast

Kleiderschrank

kleding
Kleidung

sokken

Socken

kousen

Strümpfe

maillot

Strumpfhose

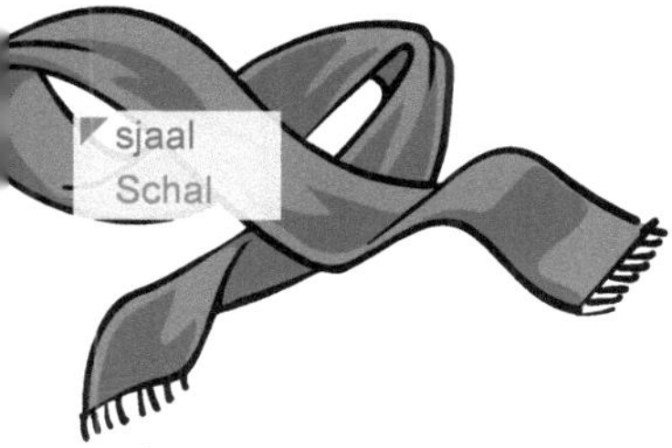

sjaal
Schal

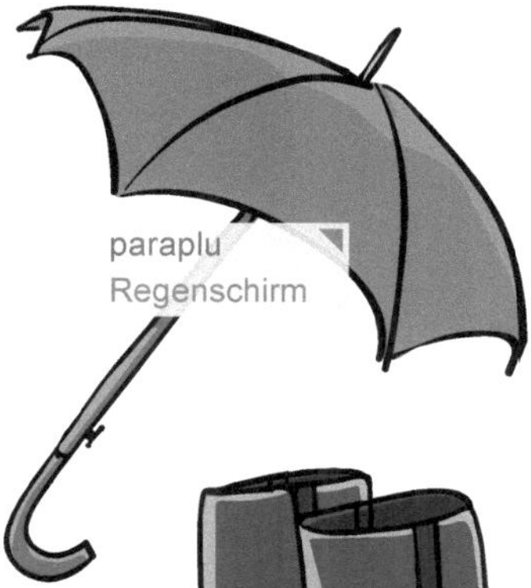

paraplu
Regenschirm

T-shirt
T-Shirt

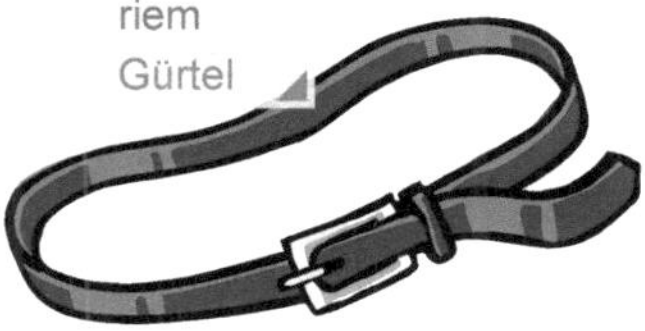

riem
Gürtel

laarzen
Stiefel

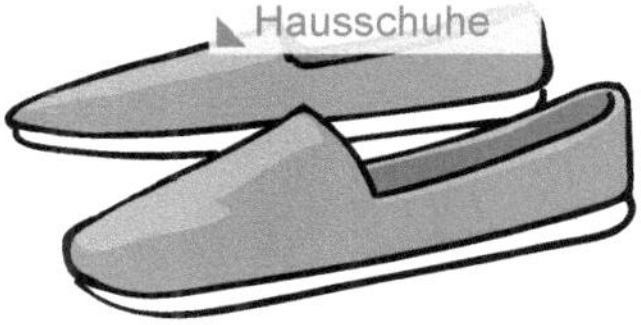

slippers
Hausschuhe

sneakers
Turnschuhe

sandalen
·················
Sandalen

schoenen
·················
Schuhe

rubberlaarzen
·················
Gummistiefel

onderbroek
·················
Unterhose

beha
·················
Büstenhalter

onderhemd
·················
Unterhemd

lichaam
Body

broek
Hose

jeans
Jeans

rok
Rock

blouse
Bluse

hemd
Hemd

trui
Pullover

capuchontrui
Kapuzenpullover

blazer
Blazer

jas
Jacke

jas
Mantel

regenjas
Regenmantel

kostuum
Kostüm

jurk
Kleid

trouwjurk
Hochzeitskleid

pak

Anzug

nachthemd

Nachthemd

pyjama

Pyjama

sari

Sari

hoofddoek

Kopftuch

tulband

Turban

boerka

Burka

kaftan

Kaftan

abaya

Abaya

badpak

Badeanzug

zwembroek

Badehose

short

kurze Hose

trainingspak

Jogginganzug

schort

Schürze

handschoenen

Handschuhe

knoop

Knopf

bril

Brille

armband

Armband

ketting

Halskette

ring

Ring

oorbel

Ohrring

pet

Mütze

kapstok

Kleiderbügel

hoed

Hut

das

Krawatte

rits

Reißverschluss

helm

Helm

bretellen

Hosenträger

schooluniform

Schuluniform

uniform

Uniform

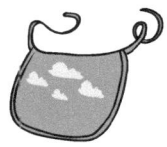

slabbetje

Lätzchen

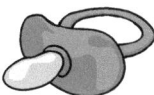

fopspeen

Schnuller

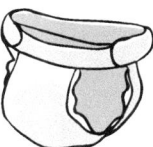

luier

Windel

kantoor
Büro

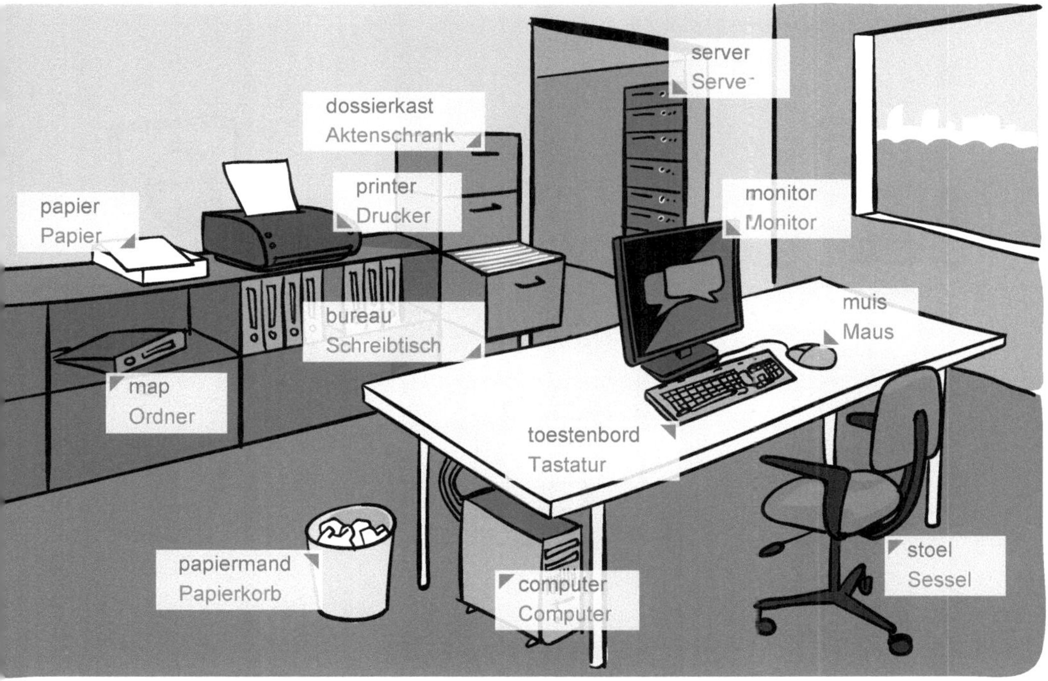
server
Serve
dossierkast
Aktenschrank
printer
Drucker
papier
Papier
monitor
Monitor
muis
Maus
bureau
Schreibtisch
map
Ordner
toestenbord
Tastatur
papiermand
Papierkorb
computer
Computer
stoel
Sessel

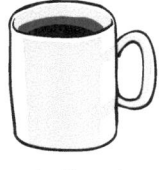

koffiemok

Kaffeebecher

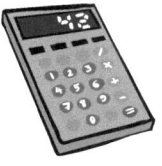

rekenmachine

Taschenrechner

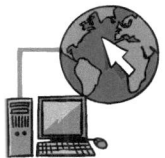

internet

Internet

laptop

Laptop

brief

Brief

bericht

Nachricht

gsm

Handy

netwerk

Netzwerk

kopieerapparaat

Kopierer

software

Software

telefoon

Telefon

stopcontact

Steckdose

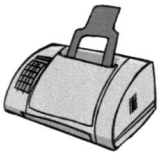

fax

Fax

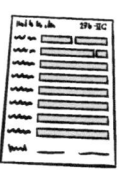

formulier

Formular

document

Dokument

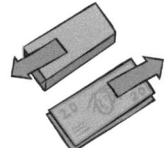

kopen
kaufen

betalen
bezahlen

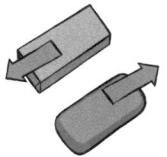

handelen
handeln

geld
Geld

dollar
Dollar

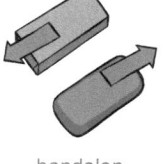

euro
Euro

yen
Yen

roebel
Rubel

Zwitserse frank
Franken

Chinese renminbi
Renminbi Yuan

roepie
Rupie

geldautomaat
Bankomat

wisselkantoor

Wechselstube

goud

Gold

zilver

Silber

olie

Öl

energie

Energie

prijs

Preis

contract

Vertrag

belasting

Steuer

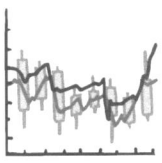

aandeel

Aktie

werken

arbeiten

werknemer

Angestellte

werkgever

Arbeitgeber

fabriek

Fabrik

winkel

Geschäft

politieagent
Polizist

brandweerman
Feuerwehrmann

kok
Koch

dokter
Ärztin

piloot
Pilot

tuinman

Gärtner

timmerman

Tischler

naaister

Schneiderin

rechter

Richter

chemicus

Chemikerin

acteur

Schauspieler

buschauffeur

Busfahrer

taxichauffeur

Taxifahrer

visser

Fischer

schoonmaakster

Putzfrau

dakdekker

Dachdecker

ober

Kellner

jager

Jäger

schilder

Maler

bakker

Bäcker

elektricien

Elektriker

bouwvakker

Bauarbeiter

ingenieur

Ingenieur

slager

Schlachter

loodgieter

Installateur

postbode

Briefträgerin

soldaat

Soldat

architect

Architekt

kassier

Kassiererin

bloemist

Blumenhändlerin

kapper

Friseur

conducteur

Schaffner

mecanicien

Mechaniker

kapitein

Kapitän

tandarts

Zahnärztin

wetenschapper

Wissenschaftler

rabbijn

Rabbi

imam

Imam

monnik

Mönch

geestelijke

Pfarrer

werktuigen
Werkzeuge

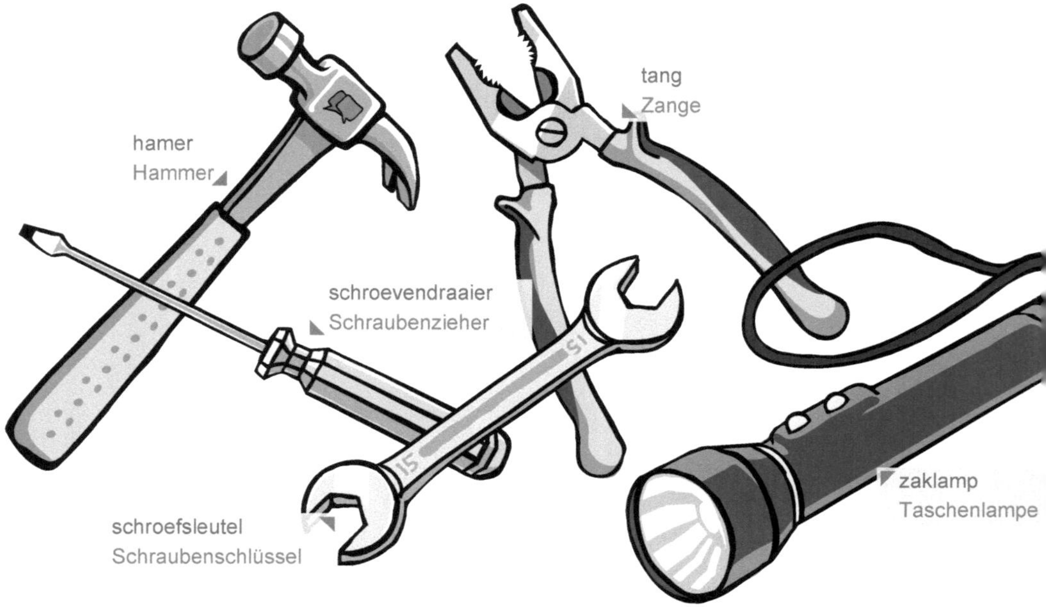
hamer
Hammer
tang
Zange
schroevendraaier
Schraubenzieher
schroefsleutel
Schraubenschlüssel
zaklamp
Taschenlampe

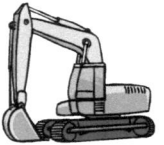

graafmachine

Bagger

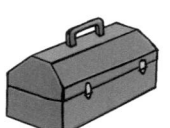

gereedschapskoffer

Werkzeugkasten

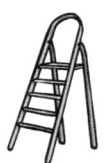

ladder

Leiter

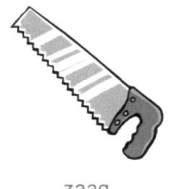

zaag

Säge

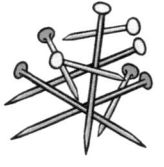

spijkers

Nägel

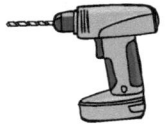

boormachine

Bohrer

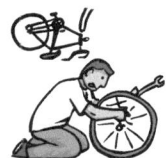

repareren

reparieren

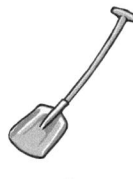

schop

Schaufel

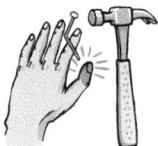

Verdomme!

Scheiße!

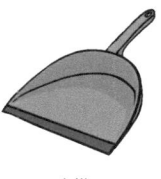

blik

Kehrschaufel

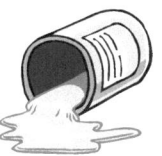

verfpot

Farbtopf

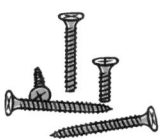

schroeven

Schrauben

muziekinstrumenten
Musikinstrumente

luidspreker
Lautsprecher
drumstel
Schlagzeug
gitaar
Gitarre
contrabas
Kontrabass
trompet
Trompete

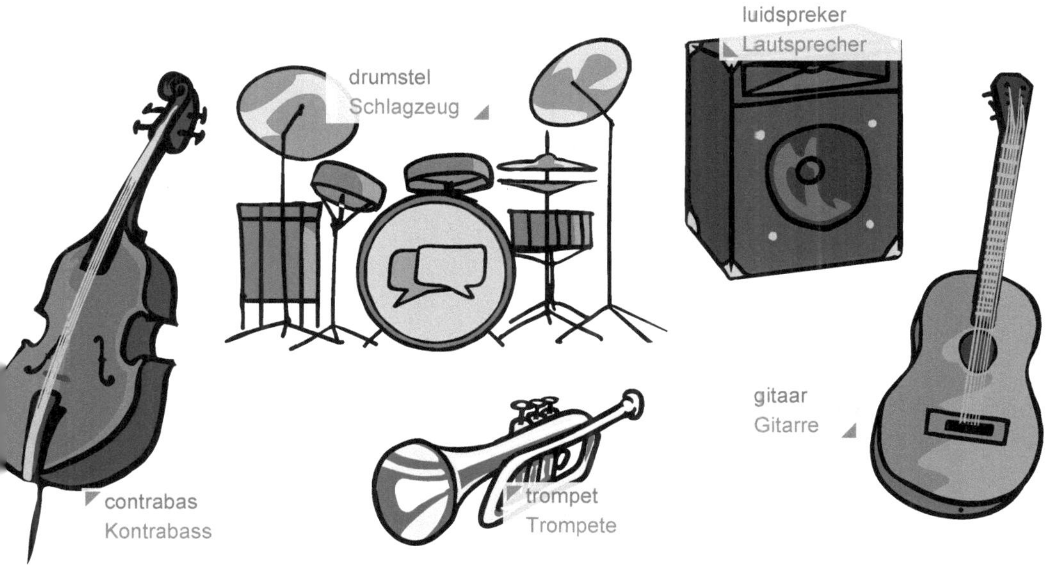

piano

Klavier

viool

Violine

basgitaar

Bass

pauk

Pauke

trommels

Trommeln

keyboard

Tastatur

saxofoon

Saxophon

fluit

Flöte

microfoon

Mikrofon

ZOO
Zoo

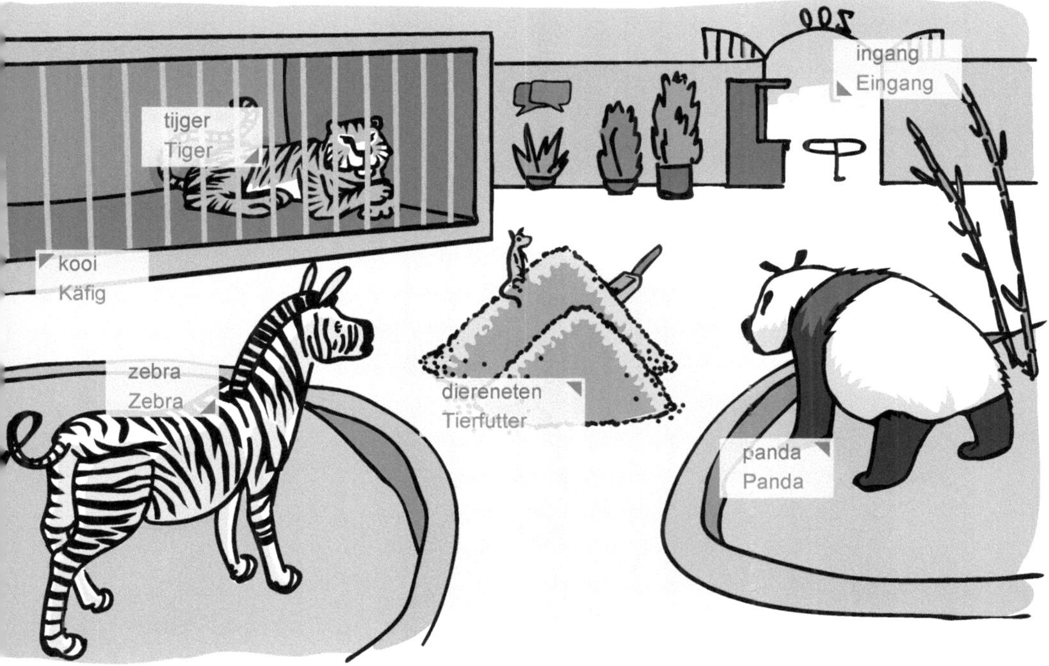
ingang
Eingang
tijger
Tiger
kooi
Käfig
zebra
Zebra
diereneten
Tierfutter
panda
Panda

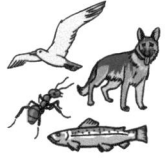

dieren

Tiere

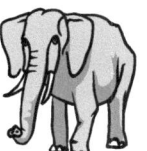

olifant

Elefant

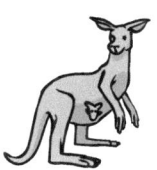

kangoeroe

Känguru

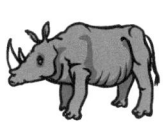

neushoorn

Nashorn

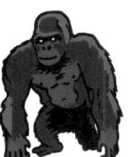

gorilla

Gorilla

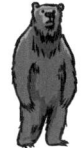

beer

Bär

kameel

Kamel

struisvogel

Strauß

leeuw

Löwe

aap

Affe

flamingo

Flamingo

papegaai

Papagei

ijsbeer

Eisbär

pinguïn

Pinguin

haai

Hai

pauw

Pfau

slang

Schlange

krokodil

Krokodil

dierenverzorger

Zoowärter

zeehond

Robbe

jaguar

Jaguar

zoo - Zoo

pony

Pony

luipaard

Leopard

nijlpaard

Nilpferd

giraffe

Giraffe

adelaar

Adler

wild zwijn

Wildschwein

vis

Fisch

zeeschildpad

Schildkröte

walrus

Walross

vos

Fuchs

gazelle

Gazelle

rugby
American Football

wielrennen
Radfahren

tennis
Tennis

basketbal
Basketball

zwemmen
Schwimmen

boksen
Boxen

ijshockey
Eishockey

voetbal
Fußball

badminton
Badminton

atletiek
Leichtathletik

handbal
Handball

skiën
Skifahren

polo
Polo

activiteiten
Aktivitäten

lachen
lachen
springen
springen
knuffelen
umarmen
wandelen
gehen
zingen
singen
dromen
träumen
bidden
beten
kussen
küssen

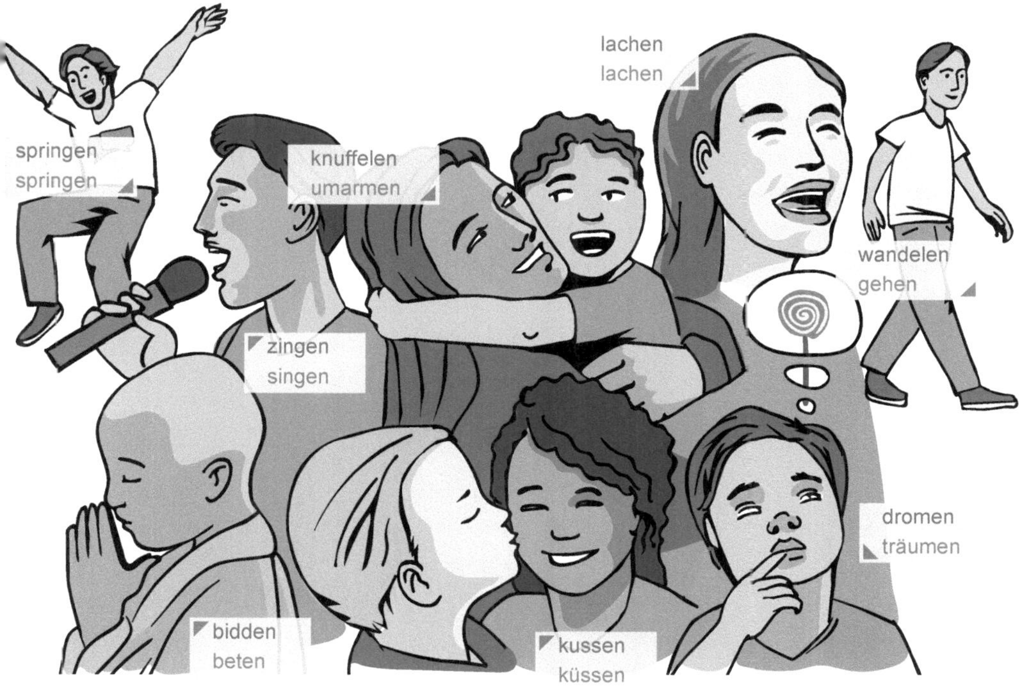

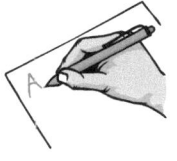

schrijven
schreiben

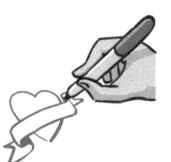

tekenen
zeichnen

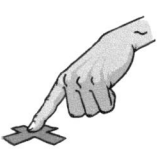

tonen
zeigen

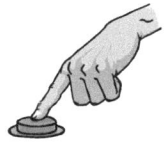

duwen
drücken

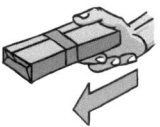

geven
geben

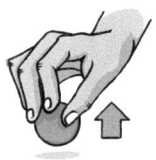

nemen
nehmen

hebben
haben

doen
machen

zijn
sein

staan
stehen

lopen
laufen

trekken
ziehen

gooien
werfen

vallen
fallen

liggen
liegen

wachten
warten

dragen
tragen

zitten
sitzen

aankleden
anziehen

slapen
schlafen

ontwaken
aufwachen

activiteiten - Aktivitäten

kijken naar

ansehen

wenen

weinen

aaien

streicheln

kammen

frisieren

praten

reden

begrijpen

verstehen

vragen

fragen

luisteren

hören

drinken

trinken

eten

essen

opruimen

zusammenräumen

houden van

lieben

koken

kochen

rijden

fahren

vliegen

fliegen

zeilen

segeln

rekenen

rechnen

Lezen

lesen

leren

lernen

werken

arbeiten

trouwen

heiraten

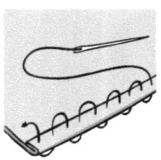

naaien

nähen

tandenpoetsen

Zähne putzen

doden

töten

roken

rauchen

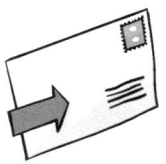

sturen

senden

activiteiten - Aktivitäten

grootmoeder
Großmutter

grootvader
Großvater

vader
Vater

moeder
Mutter

baby
Baby

dochter
Tochter

zoon
Sohn

gast

Gast

tante

Tante

oom

Onkel

broer

Bruder

zus

Schwester

familie - Familie

lichaam
Körper

voorhoofd
Stirn
oog
Auge
schouder
Schulter
vinger
Finger
gezicht
Gesicht
kin
Kinn
hand
Hand
been
Bein
borst
Brust
arm
Arm

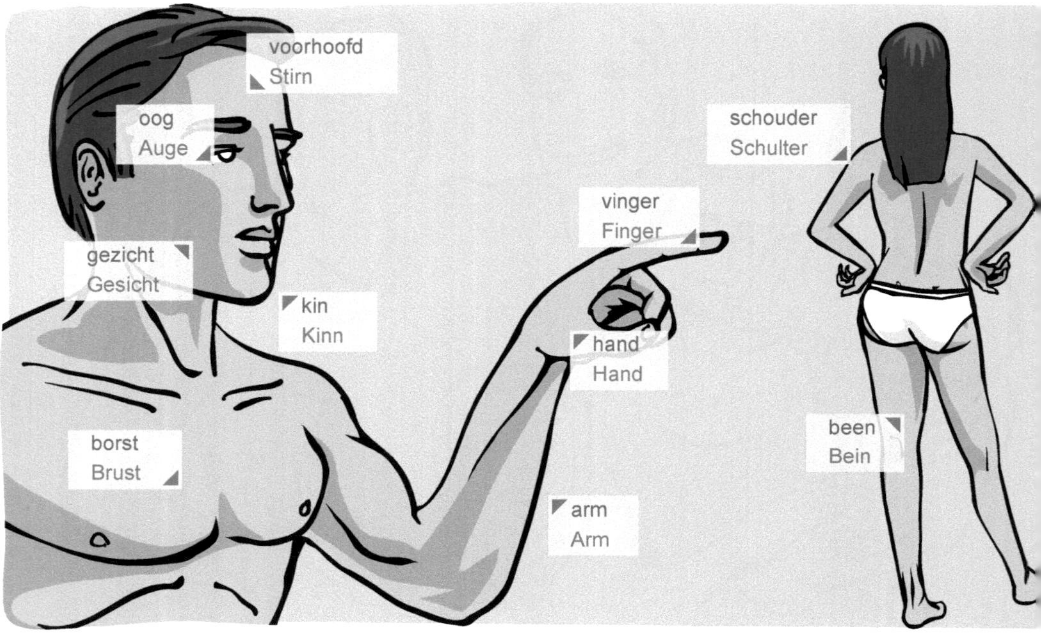

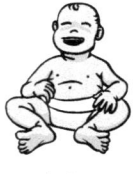

baby
Baby

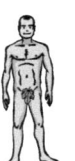

man
Mann

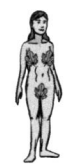

vrouw
Frau

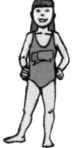

meisje
Mädchen

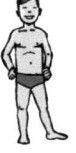

jongen
Junge

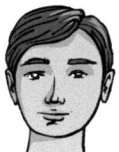

hoofd
Kopf

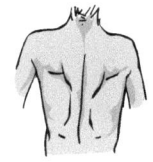

rug

Rücken

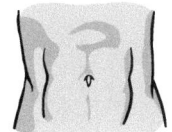

buik

Bauch

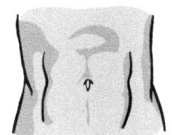

navel

Nabel

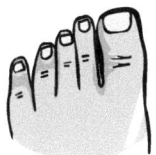

teen

Zeh

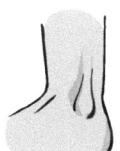

hiel

Ferse

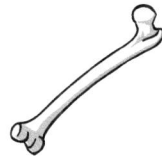

bot

Knochen

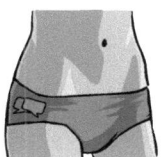

heup

Hüfte

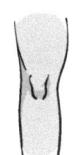

knie

Knie

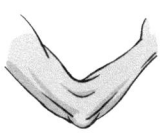

elleboog

Ellbogen

neus

Nase

zitvlak

Gesäß

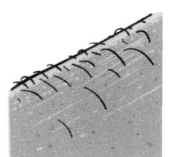

huid

Haut

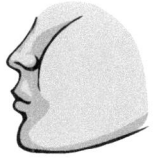

wang

Wange

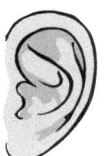

oor

Ohr

lip

Lippe

mond

Mund

tand

Zahn

tong

Zunge

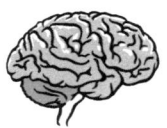

hersenen

Gehirn

hart

Herz

spier

Muskel

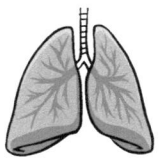

long

Lunge

lever

Leber

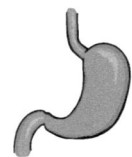

maag

Magen

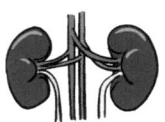

nieren

Nieren

seks

Geschlechtsverkehr

condoom

Kondom

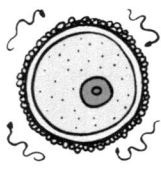

eicel

Eizelle

sperma

Sperma

zwangerschap

Schwangerschaft

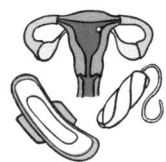

menstruatie

Menstruation

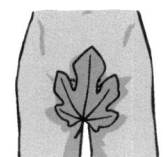

vagina

Vagina

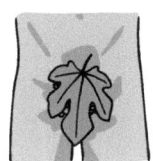

penis

Penis

wenkbrauw

Augenbraue

haar

Haar

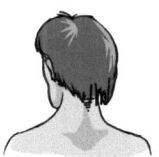

nek

Hals

ziekenhuis
Spital

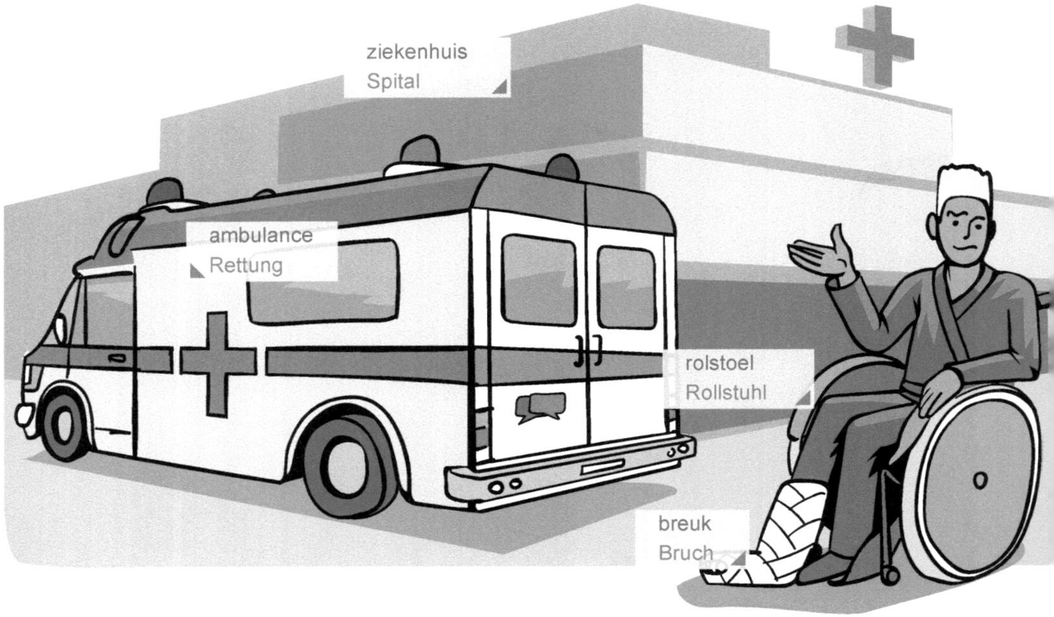

ziekenhuis
Spital
ambulance
Rettung
rolstoel
Rollstuhl
breuk
Bruch

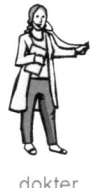

dokter

Ärztin

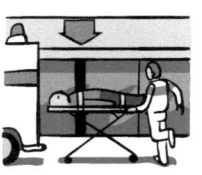

spoed

Notaufnahme

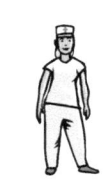

verpleegkundige

Krankenschwester

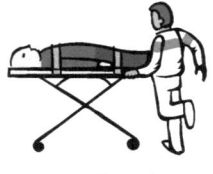

noodgeval

Notfall

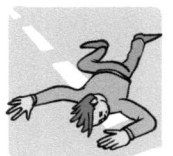

bewusteloos

ohnmächtig

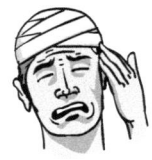

pijn

Schmerz

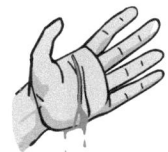

verwonding

Verletzung

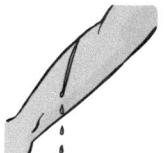

bloeding

Blutung

hartaanval

Herzinfarkt

beroerte

Schlaganfall

allergie

Allergie

hoest

Husten

koorts

Fieber

griep

Grippe

diarree

Durchfall

hoofdpijn

Kopfschmerzen

kanker

Krebs

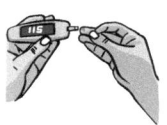

diabetes

Diabetes

chirurg

Chirurg

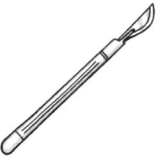

scalpel

Skalpell

operatie

Operation

CT
CT

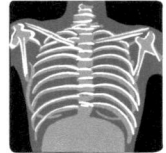

röntgenstraal
Röntgen

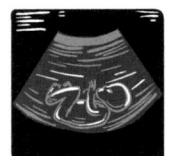

ultrageluid
Ultraschall

gezichtsmasker
Maske

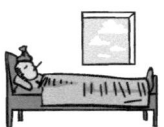

ziekte
Krankheit

wachtkamer
Wartezimmer

kruk
Krücke

pleister
Pflaster

verband
Verband

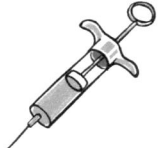

injectie
Injektion

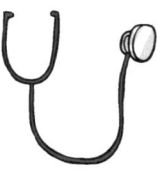

stethoscoop
Stethoskop

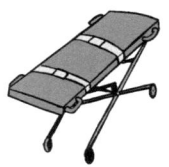

brancard
Trage

thermometer
Thermometer

geboorte
Geburt

overgewicht
Übergewicht

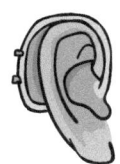

hoorapparaat

Hörgerät

ontsmettingsmiddel

Desinfektionsmittel

infectie

Infektion

virus

Virus

HIV / AIDS

HIV / AIDS

medicijn

Medizin

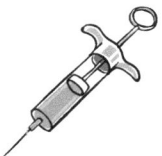

vaccinatie

Impfung

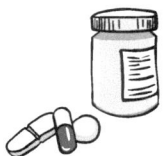

tabletten

Tabletten

pil

Pille

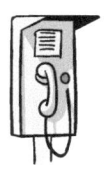

noodoproep

Notruf

bloeddrukmeter

Blutdruckmesser

ziek / gezond

krank / gesund

Help!
Hilfe!

overval
Überfall

alarm
Alarm

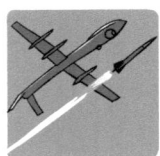

aanval
Angriff

gevaar
Gefahr

nooduitgang
Notausgang

Brand!
Feuer!

brandblusser
Feuerlöscher

ongeval
Unfall

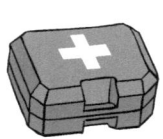

EHBO-kit
Erste-Hilfe-Koffer

SOS
SOS

politie
Polizei

Europa

Europa

Noord-Amerika

Nordamerika

Zuid-Amerika

Südamerika

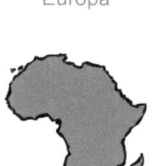

Afrika

Afrika

Azië

Asien

Australië

Australien

Atlantische Oceaan

Atlantik

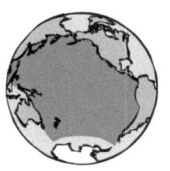

Stille Oceaan

Pazifik

Indische Oceaan

Indische Ozean

Antarctische Oceaan

Antarktische Ozean

Arctische Oceaan

Arktische Ozean

Noordpool

Nordpol

Zuidpool

Südpol

Antarctica

Antarktis

aarde

Erde

land

Land

zee

Meer

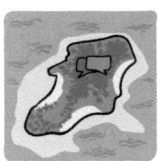

eiland

Insel

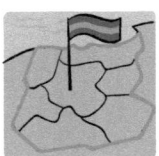

natie

Nation

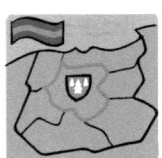

staat

Staat

wijzerplaat

Ziffernblatt

uurwijzer

Stundenzeiger

minuutwijzer

Minutenzeiger

secondewijzer

Sekundenzeiger

Hoe laat is het?

Wie spät ist es?

dag

Tag

tijd

Zeit

nu

jetzt

digitale horloge

Digitaluhr

minuut

Minute

uur

Stunde

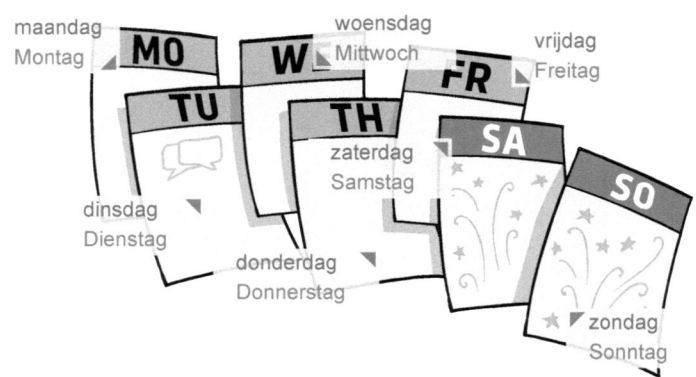

maandag   woensdag   vrijdag
Montag   Mittwoch   Freitag
dinsdag   zaterdag
Dienstag   Samstag
donderdag
Donnerstag
zondag
Sonntag

gisteren
gestern

vandaag
heute

morgen
morgen

ochtend
Morgen

middag
Mittag

avond
Abend

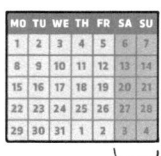

werkdagen
Arbeitstage

weekend
Wochenende

regen
Regen

regenboog
Regenbogen

wind
Wind

sneeuw
Schnee

lente
Frühling

herfst
Herbst

zomer
Sommer

winter
Winter

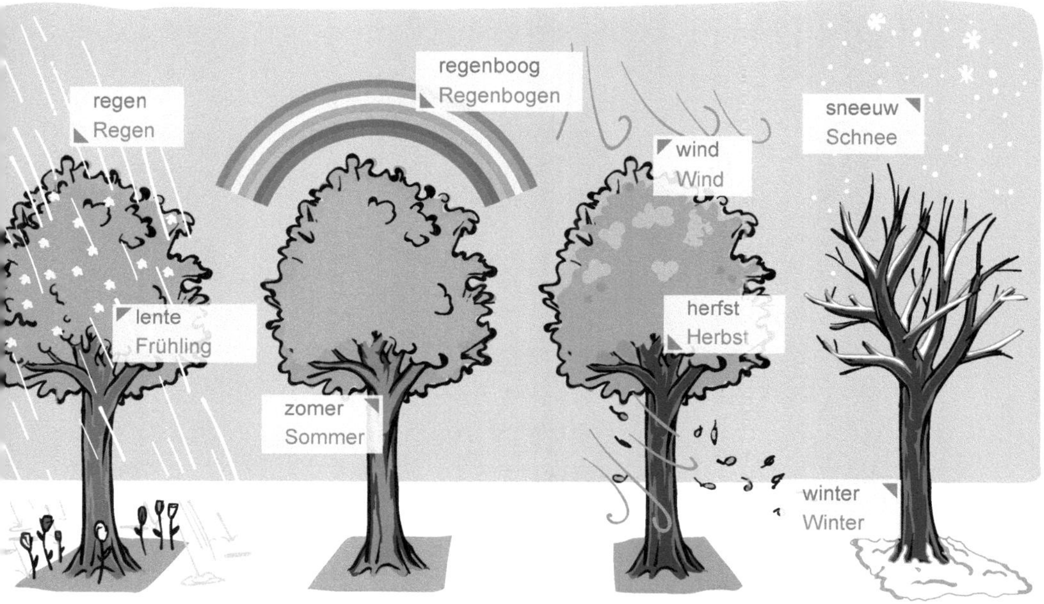

weervoorspelling

Wettervorhersage

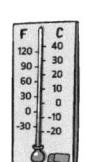

thermometer

Thermometer

zonneschijn

Sonnenschein

wolk

Wolke

mist

Nebel

vochtigheid

Luftfeuchtigkeit

bliksem

Blitz

donder

Donner

storm

Sturm

hagel

Hagel

moesson

Monsun

overstroming

Flut

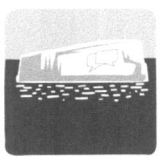

ijs

Eis

januari

Jänner

februari

Februar

maart

März

april

April

mei

Mai

juni

Juni

juli

Juli

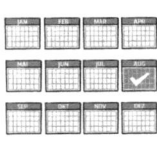

augustus

August

september
....
September

oktober
....
Oktober

november
....
November

december
....
Dezember

cirkel
....
Kreis

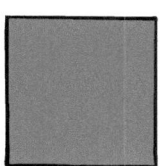

kwadraat
....
Quadrat

rechthoek
....
Rechteck

driehoek
....
Dreieck

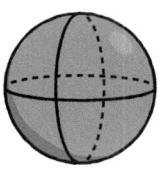

bol
....
Kugel

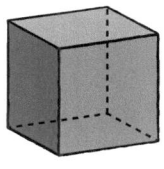

kubus
....
Würfel

wit

weiß

geel

gelb

oranje

orange

roze

pink

rood

rot

paars

lila

blauw

blau

groen

grün

bruin

braun

grijs

grau

zwart

schwarz

veel / weinig

viel / wenig

boos / kalm

wütend / friedlich

mooi / lelijk

hübsch / hässlich

begin / einde

Anfang / Ende

groot / klein

groß / klein

licht / donker

hell / dunkel

broer / zus

Bruder / Schwester

proper / vuil

sauber / schmutzig

volledig / onvolledig

vollständig / unvollständig

dag / nacht

Tag / Nacht

dood / levend

tot / lebendig

breed / smal

breit / schmal

eetbaar / oneetbaar

genießbar / ungenießbar

kwaadaardig / vriendelijk

böse / freundlich

opgewonden / verveeld

aufgeregt / gelangweilt

dik / dun

dick / dünn

eerst / laatst

zuerst / zuletzt

vriend / vijand

Freund / Feind

vol / leeg

voll / leer

hard / zacht

hart / weich

zwaar / licht

schwer / leicht

honger / dorst

Hunger / Durst

ziek / gezond

krank / gesund

illegaal / legaal

illegal / legal

intelligent / dom

gescheit / dumm

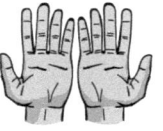

links / rechts

links / rechts

dichtbij / veraf

nah / fern

nieuw / gebruikt

neu / gebraucht

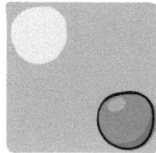

niets / iets

nichts / etwas

oud / jong

alt / jung

aan / uit

an / aus

open / dicht

offen / geschlossen

stil / luid

leise / laut

rijk / arm

reich / arm

juist / fout

richtig / falsch

ruw / glad

rau / glatt

droevig / blij

traurig / glücklich

kort / lang

kurz / lang

traag / snel

langsam / schnell

nat / droog

nass / trocken

warm / koud

warm / kühl

oorlog / vrede

Krieg / Frieden

0

nul
null

1

één
eins

2

twee
zwei

3

drie
drei

4

vier
vier

5

vijf
fünf

6

zes
sechs

7

zeven
sieben

8

acht
acht

9

negen
neun

10

tien
zehn

11

elf
elf

12

twaalf

zwölf

13

dertien

dreizehn

14

veertien

vierzehn

15

vijftien

fünfzehn

16

zestien

sechzehn

17

zeventien

siebzehn

18

achtien

achtzehn

19

negentien

neunzehn

20

twintig

zwanzig

100

honderd

hundert

1.000

duizend

tausend

1.000.000

miljoen

Million

Engels

Englisch

Amerikaans Engels

Amerikanisches Englisch

Chinees (Mandarijn)

Chinesisch (Mandarin)

Hindi

Hindi

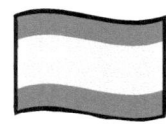

Spaans

Spanisch

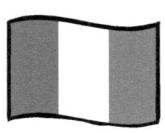

Frans

Französisch

Arabisch

Arabisch

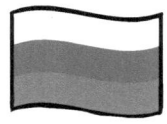

Russisch

Russisch

Portugees

Portugiesisch

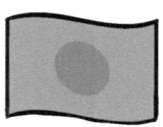

Bengali

Bengalisch

Duits

Deutsch

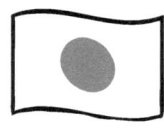

Japans

Japanisch

ik
ich

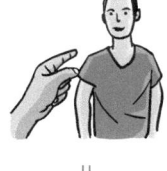

u
du

hij / zij / het
er / sie / es

wij
wir

u
ihr

ze
sie

wie?
Wer?

wat?
Was?

hoe?
Wie?

waar?
Wo?

wanneer?
Wann?

naam
Name

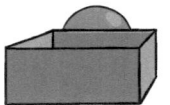

achter

hinter

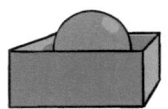

in

in

voor

vor

boven

über

op

auf

onder

unter

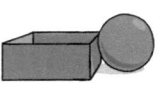

naast

neben

tussen

zwischen

plaats

Ort